굴참나무 숲에서

이건청 시집

서정시학 시인선 063

서정시학

밤 깊고

안개 짙은 날엔

내가 등대가 되마.

[……]

네가 올 때까지

밤새

무적을 울리는

등대가 되마

─「네가 올 때까지」

굴참나무 숲에서

시인의 말

  2007년 시집 『소금창고에서 날아가는 노고지리』를 간행하고 나서 꽤 많은 작품들을 쓰게 되었다. 나로서는 다작을 한 셈이었다. 대학 정년 후 강의 부담을 덜게 된 때문이었을 것이다.

  2007년부터 2011년 사이에 쓰인 작품들 중에서 61편을 선해 시집을 엮어내게 되었다. 이 시집의 작품들을 쓰는 동안 가급적 사물 가까이 다가서려 하였고, 밝은 눈, 맑은 귀로 보고 들으려 하였다.

  이 시기에 쓴 작품들 중에서 '반구대 암각화', '천전리 각석'을 대상으로 한 것들만을 따로 묶어 시집 『반구대 암각화 앞에서』(2010)를 간행하였음을 밝힌다. 특이한 대상, 특이한 체험의 언어로 쓰여진 것들이어서 따로 묶는 것이 타당하다고 생각했기 때문이었다.

  시적 긴장을 찾아가는 일은 어렵고 힘든 일이다. 안일과의 버거운 싸움을 견뎌내기 위해서는 더 많은 각성과 채찍이 필요하다는 사실을 새삼 절감한다.

2012년 2월
양촌리 모가헌에서 이건청

‖ 차례 ‖

시인의 말 | 5

제1부

벙어리 강 / 15
곰소항에서 / 16
금동미륵보살반가사유상 앞에서 / 18
탁. 탁. 탁. / 20
청어를 굽는 저녁 / 21
연꽃 밭에서 / 22
꽃뱀의 날 / 23
천 년 / 24
늙은 시인의 초상을 위한 에스키스 / 25
딱정벌레 / 26
염소 장수가 있는 풍경 / 27
마늘밭에서 / 28
흑단黑檀을 보며 / 30
자리물회를 먹으며 / 32
늙은 소 / 35
돌미륵 / 36

제2부

물 / 41
간이역에서 / 42
나미브 사막에 사는 시인 / 43
반얀나무의 꿈 / 44
수목장樹木葬에서 / 46
도미 머리찜 먹던 날들 / 48
새들은 낭가파르밧에서 죽는다 / 50
세상에는 육식성의 큰 새가 많다 / 52
고래에 관한 풍문 / 53
백발의 날 / 54

제3부

혈穴 / 57
좁은 길 / 58
개는 철창 속에 있다 / 60
이상한 방 / 61
손을 바라보며 / 62
연어 / 64
안개 속에서 / 65
아지랑이 / 66
해국海菊 / 68
남행 / 69

제4부

적멸에 대하여 / 73
산등성이를 건너다보며 / 74
눈길에서 / 76
양지꽃 / 78
산 / 80
1953년, 미나리꽝에 관한 기억 / 81
모란을 보며 / 82
버찌를 먹으며 / 83
촛불 / 84
비육우에 관한 생각 / 86
어느 장사꾼에 대하여 / 88

제5부

네가 올 때까지 / 91
버찌가 익길 기다리며 / 92
3월의 강 하나가 / 94
그 집엔 새들이 산다 / 96
천축天竺 / 97
댕기머리물떼새 / 98
선묘 / 100
얼룩말은 고기 조각이 되지 않으려고 뛴다 / 102
우중雨中 / 103
어느 날 별안간 새들이 사라진다면 / 104
은하수를 건너오는 물뱀 / 106
굴참나무 숲에서 / 108
세렝게티 / 111
시인의 산문- 시에 대한 요즘의 생각 / 112

제1부

벙어리 강

앞 개울 물 소리
나는 듣지 못하지,
뒷산 넘겨봐도
보지 못하지,
귀도 눈도 흐린 내가
물새 소리도,
떨어지는 동백꽃도
놓친 채 이렇게 살다가
두물머리 넓은 물에 그냥 섞인다면,
마현마을 포구에서
자맥질하는 물닭들도
그냥 스쳐 가야 하리,
큰 강 거센 흐름에 섞여든 채
핏빛 노을
떠메고 바다로 가는
벙어리 강 되리,
장님 강 되리

마현마을: 경기도 남양주시 조안면에 있는 마을. 다산 정약용의 출생지이며 그의 묘소도 거기에 있다.

곰소항에서

곰소 염전 곁 객사에 누워
하루를 잔다.

짠 바닷물은
마르고, 다시 마르며
결장지까지 와서
소금으로 갈아앉는데,

이 마을 드럼통들 속에서는
새우와 바닷게들도
소금을 끌어안은 채
쓰린 꿈속에서 제 살을 삭혀
젓갈로 곰삭고 있을 것인데,

변산 바다 밀물의 때,
바다는 밀고 밀리며
다시 곰소항으로 돌아오면서
흰 포말로 낯선 새들을 부르고,

산비탈 호랑가시나무 숲을 부르며,
젓갈 가게에 쌓인
드럼통들을 찾아와
드럼통 속 새우와 참게들에게
풍랑의 바다 소식을 전하면서
곰삭은 황혼도 조금씩,
밀어 넣어 주고 있구나,
아주 잊지는 않았다고
젓갈로 익더라도 서로 잊지는 말자고
밤새 속삭여주고 있구나

곰소 염전 곁 객사의 사람도
내소사 전나무 숲 위에 뜬
초롱초롱한 별도 몇 개
꿈속에 따 넣으며
쓰린 잠을 자는데,
소금을 끌어안고 잠자며
젓갈로 삭아가고 있는데……

금동미륵보살반가사유상 앞에서

오른쪽 다리를
왼 다리 위에 포개니
제각기 다른 쪽을 딛고 살던 두 다리가
하나의 몸이었음을,
세상 단풍 속을 흘러내리는 천 개 강들도
같은 물임을 알겠다.
이제야, 이제야
그걸 알겠다.
내 나이 70,
두물머리 강가에 와서 보니,
산들이 계곡을 만들고
산굽이를 만들어
다른 쪽의 강들을 불러 앉히며
다독이고 타일러
그냥 물새 우는 새벽 강을 만드는 것도
연꽃 밭으로 물닭들을 불러
젖은 풀들을 쌓게 하며
그 위에 몇 개 알을 낳게 하는 것도

물이며, 산이며, 단풍들이 하는 일인걸
알겠다, 알겠다.
서서히 상반신을 기울여
흐르는 강을 바라보고 있느니
물이며, 산이며, 단풍들이 보인다.
그것들이 한몸인 게
환하게 보인다.

탁. 탁. 탁.

쥐눈이콩 밭의 쥐눈이콩들이
다 여물고,
다 여문 쥐눈이콩들이
쥐눈이콩 콩깍지들을 깨뜨고
밝고 가벼운 가을 햇살 속으로
뛰어내리는
찰나, 혹은 영원.

청어를 굽는 저녁

청어를 굽는다.
청어는 석쇠에서 익으면서
살 속의 기름을
불 위에 떨어뜨린다.
수평선 너머를
헤매 다니던 청어의
생각과 신념이
만들어 모아 두었던
어유가
흰 연기를 내며 탄다.

저 기름 몸속에 모아
가을 은하에까지
가고 싶던 때가
있었다.

연꽃 밭에서

진흙 밭에 빠진 날, 힘들고 지친 날
눈도 흐리고, 귀도 막혀서
그만 자리에 눕고 싶은 날
연꽃 보러 가자, 연꽃 밭의 연꽃들이
진흙 속에서 밀어 올린 꽃 보러 가자
흐린 세상에 퍼지는 연꽃 향기 만나러 가자
연꽃 밭으로 가자, 연꽃 보러 가자
어두운 세상 밝혀 올리는 연꽃 되러 가자
연 잎 위를 구르는 이슬 만나러 가자
세상 진심만 쌓고 쌓아 이슬 되러 가자
이슬 되러 가자
눈도 흐리고, 귀도 막혀서
자리에 눕고만 싶은 날.

꽃뱀의 날

양지쪽
한나절
몸을 틀고 엎드려
수평선을 바라보곤
하였다.

조금씩 조금씩
수평선 쪽으로
기울어지면서
잠 속으로 빠지던
오후가
있었다.

봄 뜰에
맨몸으로 누워
비늘을 말리던
작은 꽃뱀의 날들이
있었다.

천 년

미황사 길,
옥수수 밭
지석묘 아래 누우면,
돌이끼에 덮여 누우면,
추운 개 한 마리
쉬다 갈까
올무에서 풀려난 개가
겨우 겨우 기어와서
잘린 발목을 핥다가 갈까
돌이끼 건너쪽
풍경이 울까
바람이
풍경소리 실어다 줄까
미황사 길
옥수수밭
지석묘 아래
내가 누우면……

늙은 시인의 초상을 위한 에스키스

짠 바다였네. 누구도 안 보이는 거기 암초가 있고, 그 암초가 그리움을 심해에 쌓고 있는 걸 알지 못했네. 암초 위에 이는 작은 포말이 암초의 마음인 것도 알지 못했네. 부서지는 흰 포말이 무인 등대 하나쯤으로 서서 해 뜨고 해 지는 세상 바라보고 싶은 암초의 마음인 걸 아무도 알지 못했네. 보이지 않았기 때문에 누구도 몰랐네. 무인 등대 하나 세우고 해 뜨고 해 지는 세상으로 가고 싶어 하는 암초의 마음인 걸 알지 못했네. 암초 하나 짠 바다에 잠겨 있었네.

딱정벌레

카프카와 윌리엄 포크너도 지난 곳,
살바돌 달리도 이브 탕기도
흩어져 있던 곳,
미아리 먼지 길
산비탈,
문예창작과 강의실이 있던 날들의
맨 아래쪽, 염소 한 마리
살던 날들의
썩은 자작나무 뿌리 어딘가에
오래 엎드려서
자고 있는지, 꿈을 꾸는지

염소 장수가 있는 풍경

그 비탈에서
염소들이 살았다.
명주나비들은
캄캄한 고치 속에
번데기로 매달려 있으면서
양지로 양지로
몸을 기울이고 있었다.
그냥 맨몸인 채로
겨울로 접어들고 있었다.
양철지붕 오두막집 굴뚝에
서리꽃이 핀 새벽
염소들이 매애애 우는데도
염소 장수는 아직
자는지
방문이 닫혀 있었다.

마늘밭에서

마늘밭이었네
마늘밭의 쪽마늘들이
지푸라기에 덮인 채
혹한을 견디고 있었는데
얼어붙은 흙 속에서
마늘밭의 쪽마늘들이
어떻게 뿌리를 키우고
바람과 햇볕을 엮어
푸른 싹을 만들며
통마늘을 꿈꾸는 것인지
얼음 속에서
맵고 아린 눈도 귀도
만드는 것인지
매운 몸으로
마늘밭 하나를 그득히
채우는 것인지
알 수 없네
나 알 수 없네

마늘밭의 쪽마늘들이
지푸라기에 덮인 채
혹한을 견디고 있었는데,

흑단黑檀을 보며

　인도나 스리랑카에 흑단黑檀이 자란다는데, 20m씩, 30m씩 자란다는 이 나무를, 열매를 닥지닥지 매달고 서서 늘 하늘을 우러른다는 이 나무를 나는 아직 본 적은 없다. 세상, 먹장의 날들만 골라 담아서 무겁고 견고한 복판을 만든 나무, 먹장의 날들만을 갈고 닦아서 윤기 나는 명경을 가슴속에 만든 나무, 그 명경의 복판에 별들도 띄우고 질펀한 은하수도 불러낸다는 흑단을 나는 본 적이 없다.

　그러나 나는 흑단 조각 몇 개는 갖고 있다. 내 이름을 새긴 흑단 도장 하나, 식탁에 앉아 훈제 연어나 새우튀김을 집을 때 쓰는 흑단 나무젓가락, 그것이 바람 속에서 천 개나 만 개쯤의 이파리를 매달고 서서 윤기 나는 먹장 복판을 만든 흑단으로 만들었다는 건 생각도 못했었는데,

　먹장의 날들을 갈고 닦아서 가슴속에 윤기 나는 명경을 만든 나무, 그 나무 칠흑의 어둠 속에서 숨도 쉬

고 피도 도는, 진짜 시도 몇 편 불러냈으면 싶은데, 사람 속에도 평생을 쌓인 낙망들이 치밀한 깜장 복판을 만들고 그 복판이 밀어 올린 신록의 이파리들이 자욱자욱 밀리는 흑단으로 솟는다면, 그래, 살아서 숨도 쉬고 이파리도 바람에 흔들리는 흑단 한 그루쯤 가슴속에 기를 법도 한데…

자리물회를 먹으며

자리물회를 먹었다.
제주 보목포구
밤바다 곁에서
자리물회를 먹었다.
목월선생은 보이지 않았다.
30여 년 전
이승의 자리를
떠나시고, 나는
아직 이승의 자리에 사는
선생의 제자 또 한 사람과
마주 앉아
자리물회를 먹었다.
소주를 곁들여
자리물회를 먹었다.
선생도 한때
이 바다 어딘가에서
자리를 고르던 때가
있었다고 한다…

생애 동안
한 '자리'에서만 산다는
작은 생명 자리돔을
잘게 썰어 넣은 소채에 비벼서
먹었다.
국물도 넉넉하였다.
선생이 떠난 이승의 자리
바닷바람이
머릿결을 흔드는
밤 포구엔
돌아온 배들이
닻을 내렸고
이승의 자리를 떠나시던 때의
선생보다도
아주 늙어버린 문하 시인 둘이
마주 앉아
자리물회를 먹었다.

바위 하나를 자리 삼아
맴돌며 살아서
'자리'가 되었다는
자리물회를 먹으며
평생 시만 맴돌며 사는
시인들도 도리 없이
'자리시인'일 수밖에 없다고
그렇다고,
제주 보목 포구
조그만 방파제가 일러주고 있었다.
다독여주고 있었다.

늙은소

 소야, 늙어서 힘없는 소야 움메 하고 불러 줄래? 새벽 한시나 두시, 내소사 전나무 숲에 떨어지는 부스러기별처럼, 강상면이나 강하면 생태 숲 못 속으로 자맥질하러 간 물닭처럼, 눈이라도 꿈벅여 줄래? 목에 걸린 워낭이라도 울려줄래? 움메하고 불러 줄래? 소야, 늙어서 힘없는 소야.

돌미륵

네가 누구냐고 묻는다,
사시나무냐,
피나무냐,
풋다래냐,
쏙독새냐,
아니면
보도육교 위에 엎드린
앵벌이냐,
깡통이냐,
깡통 속에 던져진
동전 몇 개냐,
막차 떠난 KTX역
온풍구 옆에서 자고
이른 새벽 깨어
역 화장실에서
양치하는 노숙인,
이따금, 멈춰선 에스컬레이터에
엎드려 글도 끄적이는

나를 보고, 누구냐
누구냐고 묻고 있는데…

제2부

물

  설악산 백담사를 스쳐 내려온 물이 용대리 쯤에 기진해 있다. 물은 얼어버렸고 얼어붙은 얼음장 밑으로만 조금씩 겨우 겨우 흐른다. 처음 산골짝을 타고내릴 때 물은 그냥 흘러 가랑잎도 몇 잎 띄우고 흘러 소양강에 닿고 싶었겠지, 내린천 붉은 단풍도 되고 싶었겠지, 그런데 지금은 기진해서 얼었구나, 목소리도 잠겼구나, 얼음장 금가는 소리로 한 밤, 기침까지 하는구나.

  늦가을까지도 백담에 빠지는 별들을 모두 건져 담고 오느라고 길은 멀어지고, 일찍 겨울이 왔구나, 이 겨울, 엄동의 물은 무겁고, 밤은 너무 깊어져 버렸는데 얼음장을 맨발로 딛고 오는 구나. 얼어붙은 밤길을 걸어 애비에게 돌아오는 딸아.

간이역에서

산까치 한 마리 날아왔던가 날아갔던가 너 밤차 타고 바다에 가던 중앙선 그 길 어딘가에 푸른 신호등을 켠 구둔역도 있었을 것인데,

고고학 전공의 국립대학 졸업생, 너 죽고 없는 빈 세상, 40년도 훨씬 넘는 안개 속에 채송화도 봉선화도 피우며 겨우겨우 살았을 옛날의 네 여자가, 백발이 다 된 네 여자가 오늘, 하이얀 댕기 해오라기 한 마리로 스쳐 날면서 다시 바다로 가는 간이역, 그냥 스쳐가는 구둔역……

구둔역(九屯驛): 경기도 양평군 지평면 일신리에 위치한 중앙선 간이역. 역 건물은 등록문화재 296호로 지정되어 보호되고 있다.

나미브 사막에 사는 시인

 남아프리가 나미비아의 나미브사막은 아프리카 남서쪽으로 2000km, 길게 펼쳐진 목마른 땅이다. 나미브 사막은 연안 해류가 북상하면서 대기를 건조시켜, 1년에 10mm 정도의 비만 내리는 목마른 땅이다. 그 흙 위로 수시로 폭풍이 스치기도 한다.
 그런데 이 황무의 땅에 살면서 밤마다, 따뜻한 욕조에 몸을 뉘이며, 베란다 밖, 저무는 노을을 바라보며 만찬을 나르는 하인들을 굽어보는 느긋한 꿈에 젖는 목숨들도 있다고 한다. 세상에서 제일 척박한 곳에 태어난 것들이 거기 살면서 질긴 목숨 위에 그런 무늬를 새겨 넣는다는 것이다.
 이 목마른 딱정벌레들은, 아침 해뜨기 전 일찍 일어나 어둔 사막을 기어가서 경배라도 하듯 바다 쪽 경사면에 엎드려 머리를 수그린다고 하는데, 새벽 해풍이 싣고 오는 물안개에 공들여 몸을 적시고, 젖은 제 몸을 핥으며 한 생애를 살아간다고 하는데…

반안나무의 꿈

시골길 버스정거장에
사내들이 서 있다.
가무잡잡한 얼굴에
키가 작달막한
이방인들,
눈망울이 순해 보였다.
7월 한국 하늘에 뜬
뭉게구름 아래
버스를 기다리는지,
사내들이 망연히 서 있다.
어디, 천산산맥이거나
오천축국의
산하를 따라갔던
혜초의 눈망울도
저랬을 것이다.

한나절
뻐꾸기도 우는

산골 길
버스정류장,
작업복차림에
운동화를 신은
가무잡잡한 얼굴의 사내들이
모여 서서
장날 시골버스를
기다리고 있었다.

반얀나무: 인도등지에서 자라는 나무. 뿌리가 내려와 땅에 닿아 새로운 줄기로 솟아오름. 반얀나무 한 그루가 1000개 이상의 줄기를 이루어 거대해진 것도 있음.

수목장樹木葬에서

수목장엘 갔었네
눈 내린 다음날
미끄러운 비탈이었네
강화도 전등사
소나무 숲엔 듬성듬성
참나무도 몇 그루 섞여 있었는데
그냥, 눈에 덮여 있었네
초개草芥처럼
초개처럼이 아니라
진짜 초개가 된
영태 형이
동숭동 아르코 극장
'가' 구역 L열 11번 객석에서처럼
풍경으로 앉아 있었네
눈 내린 세상
눈이 무거운 나무들이
가지에 쌓인 눈을 쏟아내며
팔을 들어 올리곤 하였는데

수목장 나무들이 벌이는
순백의 춤판을 바라보면서
영태 형이 굴뚝새 몇 마리
날려 박수를 보내고 있었는데
땅에 끄을리는
바바리코트에
아주 조그만
불란서 구두를 신은 그가
풀덤불 속에서
알은체를 하고 있었네
벙거지 모자도
그냥 눌러 쓰고 있었네.

草芥: 풀과 티끌. 시인, 화가, 무용평론가였던 김영태의 아호

도미 머리찜 먹던 날들

일식당 모모야마에서
도미머리찜을 먹고 있었는데
테이블엔 안개꽃도 꽂혀 있었는데
김영태 형, 반지 낀 작은 손으로 그걸
무심히 건드려보고 있었는데
여자가 도미머리찜 접시를
놓고 돌아서고 있었는데
건너쪽에 앉은 영태 형이
조금 웃었는지, 앞 머리가 조금
흔들렸는지 말았는지
은은한 실내조명의 이승에서
둘이 앉아 도미머리찜을 먹고 있었는데
이승의 시간이 조금씩
기울어지는 테이블에 마주 앉아
도미머리찜을 먹고 있었는데
도미머리찜 위에 가늘게 썬
실고추도 하나, 혹은 둘 걸쳐져 있었는데

수목장 산비탈엔
그냥, 억새거나 취나물이거나 산마늘 같은
김영태 형이 아직 이승에 남아 있는 사람에게
남풍 같은 목소리로
도미머리찜 먹던 세상의
나무잎들을 흔들어주고 있었는데
이승과 저승 사이 물푸레나무 잎들이
자욱자욱 흔들리고 있었는데……

새들은 낭가파르밧에서 죽는다

꿈을 찾아가는
새들은
날개를 파득여
하늘 높이 떠오른 다음
흐린 대륙을 넘어간다고 한다.

낭가파르밧 설산을 넘는
지친 새들이
목숨을 놓는 거기
'새들의 무덤'이
있다고 한다.

날아가던 모습 그대로
날개를 펼친 채
두 다리도 펼친 채
눈 벼랑에 박혀 죽는
기진한 새들이 있다고
한다.

눈 벼랑에 박혀서
사리로 굳어가는
새들의 꿈이 있다고 한다.

낭가파르밧: 히말라야 산맥의 서쪽 끝부분에 위치한 험한 봉우리.
세계 9번째 높이.

세상에는 육식성의 큰 새가 많다

 이 겨울, 양촌리 내 집에 수시로 눈이 내리고 눈은 쌓여 풀숲의 풀씨를 덮는다. 새들은 야윈 몸이 되에 내 집에 온다. 아내는 배고픈 새들을 위해 겨우내 새 먹이를 뜨락에 내놓고 새들을 부르는데, 뼛속이 빈 가벼운 새들이 날아와서 내가 먹다 남긴 빵 부스러기 앞에 앉는다.

 박새는 작은 새이다. 박새는 마른 빵 부스러기를 한 입 물고 좌우를 살피고 다시 살피고 세 입도 먹지 못한 채 푸르르 날아 찔레 숲으로 도망가 숨는다.

 세상에는 풀씨를 먹고 연명하는 조그만 목숨, 박새를 잡아먹고 사는 육식성의 큰 새가 많다.

고래에 관한 풍문

 사람들이 고래를 묻었다고 한다. 흙을 파고 고래를 묻었다고 한다. 통째로 묻었다고 한다. 이 도시 어딘가에 고래를 묻었다고 한다. 몸통에 따개비가 붙은 채 묻었다고 한다. 이따금, 분기를 뿜어 올리면서 고래가 뭍으로 올라왔다고 한다. 바다를 버리고, 그래야 한다는 듯이 사람 세상으로 올라왔다고 한다. 수평선도 버리고 해 뜨는 바다도, 해 지는 바다도 그냥 두고 왔다고 한다. 도시 한복판, 국회의사당 앞마당이나 광화문 네거리, 시청 앞 광장까지 와서 사람들이 파놓은 어둡고 음습한 흙을 찾아 누웠다고 한다. 소신공양하듯, 누웠다고 한다. 이 도시 어딘가에 촉루가 되어가는 고래가 있다고 한다. 사리가 되어가고 있는 고래가 있다고 한다.

백발의 날

도끼로
통나무 하나를 내리친다.
도끼날에 갈라진
나무 속,
여기 저기
벌레들에 파 먹힌 흔적이
여실하다.

소나무가
이 많은 상처를
품어 안고도,
낙락장송처럼
비탈을 지켰음을,

둥치가 견딘 이 아픔으로
가지에
잎을 내고
송화도
피워 올렸던 것을.

제3부

혈穴

아침 창을 여니 형광살충기 밑에 죽은 벌레들이 수북하게 쌓여 있다. 벌레들은 밤새 푸른 형광 속으로 날아들어 감전선에 닿아 죽었다. 날개가 있는 것들도 그렇게 죽었다.

좁은 길

좁은 길로 가야 해,
아스팔트 새 길이 아니라
겨우내 쌓인 눈
반쯤 녹아 질척이는
좁은 길로 가야 해,
염화칼슘 뿌려 반듯해진
아스팔트 넓은 길 말고
좁은 옛 길로 찾아들면,
휘도는 산굽이 덕장마다
질펀 질펀
코뚜레 묶인 녀석들을
보겠지, 그냥
황태덕장이라고,
물건 참 좋다고 스쳐 가면
안 되지,
골판지 상자에 담겨
접착테이프로 마감된 채
트럭에 실려 갈

저것들에게도
떼로 몰려 헤엄쳐가던
눈 시린 바다가 있었고,
동백꽃 핀 벼랑인 채
소금 바다에 젖고 있을
작은 섬이 되고 싶던
지느러미와
꼬리와 몸통, 살 전부가
그리움이었던
열일곱, 열여덟이 있었음을,

좁은 길로 가야 해,
새로 넓힌 아스팔트 길은 버리고,
반쯤 녹아 질척이고 있을
좁은 길로 가야 해,

개는 철창 속에 있다

백담사 입구를 벗어난 차가
미시령 쪽으로 휘돌자
타이탄에 실려 가던 개도
기우뚱,
중심이 무너진다.

개야,
철창 속 개야,
(미시령 터널 너머엔
바다가 있다······.)

이상한 방

 이상하다. 이 방에서 무슨 소리가 난다. 새벽 두시나 세시, 귀를 기울이면, 쉼 없이 들린다. 찔레나무 숲에 깃든 박새가 빠알간 열매 쪽으로 옮겨 앉는지, 기러기들이 가는지 오는지, 사각사각, 스척스척, 소리가 들린다. 바람벽에 귀를 대본다. 커튼을 열고 산을 바라본다. 이 소리가 왜 어디서 오는지,

 책 읽고 시 쓰는 이 방에서 무슨 소리가 난다. 변산 염전 바닥에 소금 오는 소리 같기도 하고, 곰소 포구에 썰물 써는 소리 같기도 하다. 이 방이 이상하다. 이 방에서 무슨 소리가 난다.

손을 바라보며

손을 본다.
세세히 들여다보니
안 보이던 흉터들이
여기 저기 흔적으로 남아 있다.
베이고 넘어진 날들을
새 살이 메워주고
햇빛이 지워서
희미해진 것들이
여기저기 손등에 남았다.
엄지에서 흘러내린 피가
검지를 적시고
흙 위로 떨어져 내렸었다.
이 손으로 가슴 설레는
봉투를 뜯었었다.
한생애를 이고, 지고
눕거나 일어서서 보면,
내가 밟고 가야할 시간 속엔
늘, 날이 선 말들이

질펀하였는데
살 속 깊이 못이 박힌 날,
머큐-롬을 발랐던가,
일회용 반창고로 감쌌던가,

아직도 희미하게 남아 있는
비포장 길로
상처를 실은 달구지를 끌고
소 한 마리 가고 있는 게 보인다

연어

네가 오기까지
(오기는 올까마는)
하늘말라리도
알락실잠자리도 불러
함께 기다릴게
능수버들 아래서
기다릴게
기진맥진 지친 몸으로
네가 올 때까지
지등도 밝혀둘게.

안개 속에서

패총 속 조개껍질로
눕고 싶던 때가 있었다.

폐선으로
여숙에 누워
파도소리를 헤던 때도 있었다.

새벽 새들이
창가에 와서
이제 꽃은 지고
까만 씨앗도
서리 속으로 걸어서
떠났다고,
너도 이제
돌아가라고
돌아가야 한다고
끼룩끼룩 울었다.
짙은 안개 속에서
무적霧笛이 울곤 하였다.

아지랑이

이른 봄,
땅 속에서
겨울을 보내던
물이
흙을 밀고
길을 낸 후
복수초
노란 꽃을
산등성이
양지쪽으로
밀어
올리고 있는데,

언제쯤
나도
종이컵
몇 개쯤의
물 되어

노고지리 소리
섞인
그 길로
산수유꽃도
매화도
밀고
돌아와
햇살 밝은
산등성이 쪽에서
아른거리고 있을 텐데.

해국海菊

그 섬엘 가면
소금 바다가 기르는
꽃이 보인다.
해안가 벼랑에
뿌리를 박고
수평선 너머
안 보이는 그리움
향기로 피워내는 꽃,
그 섬 벼랑에는
갈매기 소리
섞인 노을을
망연히 바라보는
꽃이 있다.
소금 바다가 기르는
조그만 꽃이
있다.

남행

섬진강엘 갈까
구례 쪽 얼음장들이
다 녹은 봄날
등껍질을 지고
강바닥에 누울까
재첩 한 마리 되어
살의 꿈을 꿀까
연한 살, 저켠에서 우는
노고지리 소릴 들을까,
강바닥
모랠 베고 누워
잠이 들까,
깊은 밤 구례구 역전에선
아직도 개가 짖는지,
대나무 숲은
그냥 대나무 숲인지,
호롱불 켜진 밤 동네들을
흐르고 흘러
섬진강엘 갈까.

제4부

적멸에 대하여

나 사는 세상에서 200 광년쯤 가면 늙어 쇠잔해 가는 별들도 있다고 한다. 별들이 늙고 늙어서 죽을 때가 되면 별들은 별들이 모여 사는 은하의 복판을 떠나 쇠잔해진 몸을 은하계의 끝자리로 옮긴다고 하는데 별들의 변방까지 흘러가서 숨이 다하면 별 노릇에 지친 몸을 적멸 위에 뉘이고 칠흑의 잠이 든다고 한다.

산등성이를 건너다보며

지난 겨울 나는 어느 절간 요사채에
방 하나를 빌려 빈둥빈둥 놀면서
절간 건너편 산등성이를 바라보곤 하였다.
어떤 땐 하루 종일 산등성이만 건너다보기도 하였다.
산등성이 위로 구름이 흐르고,
황조롱이 같은 놈이
자작나무 가지에 하염없이 앉아 있다가
별안간 긴한 볼일이라도 생긴 듯 펄쩍 날아
옆 골짝으로 사라지곤 하였다.
밤이 되면 산비탈 모두가
깜장이 되어 초롱초롱한 별을 띄워 올리곤 하였는데
어느 날 나는 산등성이 풀덤불에 무덤 하나가
버려져 있는 걸 찾아내었다.
죽은 자를 거기 묻었던 사람들도
모두 늙어 죽었는지, 무덤은 잊혀지고
지워지면서 낮은 흙더미만 남아 있었다.
조그만 흙더미가 삭은 뼈를 보듬고 있는 거기서
절간 요사채에 빈둥거리는 나 사이는

영겁인 것도 같고 지척인 것도 같았는데
창 너머로 산등성이를 자세히 보면서
그 무덤이 그냥 버려진 것이 아닌 걸 알게 되었다.
가끔은 이 산에 사는 고라니가 와서 쉬다 가고
숱하게 많은 새들도 들렀다 가곤 하였는데
한낮의 고라니도, 흰 구름도 황조롱이도,
한밤 초롱초롱한 별떨기까지도
사람들이 잊어버린 삭은 **뼈**와 막역해져서
각각의 몸짓으로 적멸 속을 넘나들고 있음을 알았다.

그냥 산등성이처럼 건너다보이는 거기가
피안이고 화엄인 걸 알게 되었다.

눈길에서

오늘, 백담사 만해마을엔
하루 종일 눈입니다.
그 눈 속을 걸어
절간 쪽으로 가다보면
길 가에 사슴 목장이 하나 있습니다.
사슴들은 울타리 안에
떼 지어 서서, 일제히
나를 바라봅니다.
서 있던 대로 고개만 돌린 놈도 있고,
여물을 씹던 모습 그대로 멈춰 서서
나를 바라보는 놈도 있습니다.
무심해 보이는 놈들이
이 겨울 눈발 속을 헤매가는 당신은
누구냐, 누구냐고 묻는 듯합니다.
어쩜, 무엇 하러 어딜 가느냐고 묻는 듯도 합니다.
놈들은 울안에서 눈을 맞으며 망연하고
울 밖의 나도 같은 눈을 맞고 걸으며 망연해집니다.
울안의 놈들을 바라보면서

그만 시 같은 건 던져 버리고
차라리, 울안으로 가서 놈들 곁에 설까
놈들의 짓거리로 여물이나 씹으며 서 있으면
어떨까 합니다.

백담사 입구 용대리 쪽은
하루 종일 폭설입니다.

양지꽃

겨우내 닫혀있던
먼 길을 걸어
너를 보러 가곤 했었다.
너를 보러가는 봄 길은
조금씩 질척이곤
했었는데,
아직 시린 바람 속에
샛노란 꽃을 피운 풀꽃
스쳐가는 눈길 밖이어서
그냥 지나쳐버리기도 했지만
꽃아, 작은 꽃아
내 봄 언덕에 일찍 피어나
노고지리를 부르던 것아

다폴다폴 네가 다시 필 때면
이제 겨울은 가고
얼음 벼랑도 다 녹았는지
지리산 벽소령* 쪽,

너를 보러가고 싶다.

벽소령: 한국전쟁 당시 지리산 빨치산 토벌 작전이 치열하게 전개
되었던 거점 중의 한 곳.

산

산이 나를 막아선다
맨몸으로 오라고
짐승 되어 오라고
밀어내고 넘어뜨린다
기어서 기어서
벼랑에 다가서도
짐승이 아닌 나를 한사코
밀어낸다.

1953년, 미나리꽝에 관한 기억

미나리꽝 뒤에 기찻길이 있었다.
미나리꽝 햇미나리가 연초록으로 피어오르던 어느 날
화물을 가득 실은 기차가 미나리꽝 근처에 섰던 적이 있었다.
화물칸에는 무명천으로 싼 하얀 상자들이 가득 쌓여 있었다.
전쟁이 멎고, 고향 찾아가는 유골 상자들이었다.

미나리꽝 햇미나리 향기 흩어지는 봄날이었다.

모란을 보며

4월이 오고
모란이 피면
네게로 갈께
귓바퀴에 내리는
밝은 양지 속에서
예리한 칼날이
네 손가락과
내 손가락을
베어 가던
그 아픈 환희 속으로
걸어갈께, 다시
걸어서 갈께
내 오른손과
네 왼손에서
핏물 뚝, 뚝
떨어져 내리던
4월이 오고
그 선홍의 꽃잎
뚝. 뚝 떨어져 내리면……

버찌를 먹으며

 벚꽃이 지고 난 자리 푸른 열매들이, 까아만 버찌 열매로 익어 6월 아스팔트길에 뚝. 뚝 떨어져 있다. 뻐꾸기 소리에 젖은 버찌 열매는 조금은 달고 조금은 쓴데, 내가 사는 열매 쪽에서 바라보는 저쪽 산비탈, 40년 저쪽은 아직도 만발한 꽃그늘 속, 푸른 열매인 채 돌이 된 친구 하나 서 있네. '육군대위 홍성인의 묘', 중고등학교 동창 성인이는 육군사관학교엘 갔고, 1967년 4월 월남에서 전사했다. '시창작연구' 강의를 하러 강의실 가는 길, 남는 시간에 잠시 들른 국립묘지 오솔길, 올핸 웬 버찌 열매가 저리 많이도 열렸는지, 길바닥에 떨어져 구둣발에 밟히고 깨져 핏빛으로 엉겨 있구나. 오늘 나, 깨지고 뭉개진 삶 속으로 걸어걸어 들어가면서 꽃그늘 속에서 돌이 된 친구를 찾아간다. 핏빛으로 흩어진 것들 중 성한 것, 몇 개 주워 입에 넣고 나머지 몇 개는 친구 몫으로 그의 돌 위에 놓는다.

촛불

촛불이 영과 혼을 부르던 때가 있었다.
백국에 싸인 액자 위에
검은 리본이 걸리고,
조문객이 무릎을 꿇을 때,
혹은 제상 앞에 지친 핏줄들이 모여
피를 준 분들께 머리 조아릴 때,
무녀 송옥순이 오방작두장군되어
작두날 위에서 날아오를 때,
밀납초는 촛농을 흘리며
타올랐다.
불이 부르는 새여,
사슴이여, 딱정벌레여,
환생의 수레는 불을 따라와
제상 뒤에 멈추고 촛불은
소쩍새를 뒤란 앵두나뭇가지로 불렀다.
자정 가까운 시간 위로
선혈도 조금 비치곤 하였다.
그때마다 영계의 육성이 산자들의 때 묻은 몸을 씻겨

맑고 밝은 몸으로 옮겨주고 갔었다.
한때, 촛불이 영과 혼을 부르던 때도 있었다.

비육우에 관한 생각

거리에서
촛불끼리 모일 때
식품이 된 소들이 펄럭일 때
아니다, 아니라고 펄럭일 때
아메리카의 소들은 움메하고 울까
꼬리를 휘둘러
날 것들을 쫓으며
송아지는 미친 소로
자랄까
냉동육이 되어
컨테이너에 실릴까
조각조각 분해된 소가
포크와 나이프와 푸른 부로컬리 곁
티본스테이크로 놓이고
내프킨을 두른 사람들이
포도주잔을
가볍게 부딪쳐 올리며
눈 인사를 나눌 때

아직 살아 있는
소들이
움메하고 울까.
그냥 눈망울만
껌벅일까, 껌벅일까
소들은 외로울까
고독할까
촛불이 타고
촛불이 촛불끼리 모여서
강고한 비유가 될 때
비육우는 도살장 앞에서
음메하고 울까
소들도 외로울까
고독할까.

어느 장사꾼에 대하여

아르튀르 랭보가 불후의 명편 『지옥에서 보낸 한철』을 냈을 때, 그는 만 19세를 1개월 지난 나이였다. 그리고 그는 미련 없이 시의 티끌을 훌훌 털었다. 직관과 비유와 상징으로 이룬 눈 시린 황홀의 시들을 미련 없이 버렸다. 시를 버리고 그는 유럽과 아프리카를 유랑하며 광산 노무자 감독, 상아와 피혁, 커피를 파는 무역상이 되었다. 무기 밀매상이 되어 낙타 등에 화약과 무기를 싣고 사막을 걸었다. 고무와 타조 깃털을 모아 그의 모국 프랑스로 수출하였다. 그는 1891년에 죽었다. 그의 나이 37세 1개월 때였다. 그때 랭보는 오른쪽 무릎의 악성 종양으로 한쪽 다리를 잘랐다. 그는 억척같은 장사꾼이었다. 장사꾼인 그가 시인으로 살았던 4년, 청소년기의 그 4년이 지상에 남긴 시의 폭풍, 그 섬광이라니!

제5부

네가 올 때까지

밤 깊고
안개 짙은 날엔
내가 등대가 되마.

넘어져 피나면
안 되지.
안개 속에 키 세우고
암초 위에 서마.

네가 올 때까지
밤새
무적을 울리는
등대가 되마.

버찌가 익길 기다리며

산벚나무 꽃이 펴
산비탈 한쪽이 밝아오면
찻잔을 들고 꽃그늘 아래로
가고 싶었다.
벚꽃이 연기처럼 피어나는
벚나무 아래 앉아
우리가 함께 견딘 혹한에 대해서,
결빙과 눈보라에 대해서
불 꺼진 아궁이에 대해서,
나무에게 얘기를 건네고 싶었다.

아직 새댁이셨던
어머니의 젖가슴을 꿈에 본
일흔 살 아들의
오십 몇 년이나 육십 년 전
산벚나무 꽃 진 자리엔
푸른 버찌 알들이 지천으로 달렸었다.
맛과 향으로 여물어

검붉은 열매로 자라야 할 것들이었다.

올해도, 산벚나무에 벚꽃이 펴
산비탈이 밝아오면
아내와 함께 찻잔을 들고
벚나무한테로 가고 싶다.
혹한을 견디고 꽃을 피워 올린
늙은 나무 등걸을
쓰다듬어주고 싶다.

3월의 강 하나가

3월의 강 하나가
내게로 왔다.
어디 막혔던 둑이 터졌는지
냉이도 꽃다지도 질펀한
들판을 지나
내 가슴속 마른 텃밭까지
그냥 밀려왔다.
지난 겨울 큰 산 어딘가를
스쳐 날아온 황조롱이도
모처럼 뿌리를 적신
내 배롱나무 가지에 와 앉아
지난 겨울 추위를 잘 지냈느냐고
자잘한 가지까지
안 죽이고 살려냈냐고
묻는다. 푸르게 부푼
3월의 강 하나가
내게로 와
마른 발을 적시고 있었다.

어디 새싹이 트려는지
귓불이 간지럽다.

그 집엔 새들이 산다

알루미늄 사다리를 멘 사람이 그 집에 온다. 저녁 8시 40분 쯤 철책을 넘는다. 라면 봉투가 흩어져 있다. 8시 43분, 알루미늄 사다리를 멘 사람이 문루에 오른다. 2층을 향해 사다리가 비스듬히 놓인다. 사다리를 메고 온 사람의 손에 신나통이 들려 있다. 그 집에는 600년 동안 파싹 마른 기둥과 들보와 문틀과 현판이 있다. 라면 봉투가 떨린다. 사다리는 쓸쓸하다. 사람들은 모르지만 이 집에는 새들이 산다. 문루에 깃을 들인 새들이 몇 마리, 또 몇 마리 깃을 웅크린 채 그 집에서 잠을 잔다. 신나는 발화점이 낮다. 그 집엔 새들이 산다.

알루미늄 사다리를 어깨에 멘 사람들이 철책을 넘는다. 저녁 8시 40분이나 저녁 8시 45분쯤 알루미늄 사다리를 어깨에 메고 한 손에 신나통을 든 사람들이 철책을 넘는다. 그 집엔 새들이 산다. 그 집이 새들의 집이다. 그 집을 향해 알루미늄 사다리가 놓인다. 사다리는 쓸쓸하다. 신나는 발화점이 낮다. 이 도시엔 알루미늄 사다리를 메고 한 손에 신나통을 든 사람들이 많다.

천축天竺

 천축 가는 사람 하나 있었네. 신라에서 천축까지 바람이 부는지, 흙먼지도 날리고 있었네. 힘없는 낙타를 타고 있었네. 흙먼지로 가득 찬 사막이 사막을 부르고 있었네. 천축국으로 가는 먼 길, 목마른 중 하나 가고 있었네. 부처를 찾아가는 사내 하나 있었네. 가도 가도 사막이었네.

 사내 하나 있었네. 바람이 부는지 폐사지의 풀들이 흔들리고 있었네. 1000년 먼 곳을 타박타박 걸어서 돌아온 혜초, 그가 절간도 무너지고 없는 고달사지 폐허 위 원종대사혜진탑에 기대서 있었네.

댕기머리물떼새

돌잡이 손자
한울아,
저 새가
댕기머리물떼새란다.
짠 바다 곁에
힘겹게 서 있구나,
작은 날개
파득여서
바다를 끌고 밀고 온
저 새가
댕기머리물떼새란다.
수평선 너머까지
날아가서
제일 먼저 뜨는
아침 해를
건져온 게
저 새란다.
새벽 바다에서

튀어오르는 저
눈 시린
멸치 떼까지를
모두 불러온 게
저 새란다.
일출의 바다에
파득이는
눈 시린 저 멸치 떼를
불러온 게
저 조그만 새란다.

선묘

길 하나가
휘어진 곳
사과 밭이 눈발을 부르는
저 비탈 어딘가에
절간이 있고,

사내 하나를 위해
천년 동안 암반을 들쳐 메고 서 있는
여자가 있다고
한다.

저무는 산
하나나 둘
아니, 아니
사내 하나를 위해
저 산맥의 연봉 모두를
펼쳐 들고
풍설 속에

화엄의 날을 부르고 있는
여자가 있다고 한다.

선묘: 부석사 창건 설화. 의상대사를 흠모해 용이 되어 따랐다는 중
　　 국 산동반도의 처자.

얼룩말은 고기 조각이 되지 않으려고 뛴다

얼룩말이 뛸 때, 무리지어 달릴 때 하이에나들은 뒤쪽에 있다. 풀숲에 몸을 감추면서 서서히 따른다. 얼룩말이 얼룩말끼리 어울려 떼를 이룰 때도, 떼를 이뤄 달릴 때도 잘 보면 뒤쪽 어딘가에 하이에나가 있다. 얼룩말은 심심해서 뛰는 것이 아니다. 얼룩말이 얼룩말끼리 어울려 큰 얼룩을 이루고 그 얼룩이 풀밭을 뒤덮을 때도, 구호나 함성이나 붉은 머리띠를 매거나 골리앗에 오르는 대신 풀을 뜯는다. 얼룩말의 피도 빠알갛다. 하이에나들에 잡힌 얼룩말이 찢길 때, 고기 조각으로 찢길 때 하이에나 주둥이에 묻은 붉은 피를 본 적이 있다. 얼룩말은 풀을 먹고 피를 만드는 초식 짐승이다. 얼룩말은 고기 조각이 되지 않으려고 뛴다. 얼룩말은 그래서 필사적으로 뛴다.

우중雨中

 연해주 파르티쟌스크를 여행 중, 무명용사의 묘지를 둘러보게 되었다. 우산들을 쓰고 야트막한 진창길을 걸어갔다. 추운 조선인 병사들은 신념을 위해 싸웠다. 소총 몇 자루, 수류탄 몇 개, 가난한 파르티쟌들이었다. 소총을 든 조선인 파르티쟌들은 자꾸 죽었다. 죽은 이들을 위해 파는 땅은 늘 얼어 있었다. 그들은 얕게 묻혔고, 얕게 묻힌 시신을 잡초들이 감싸 안았다. 70년, 80년, 90년이 지나면서 무명이 된 시신들이 풀덤불이 되어 바람에 흔들리고 있었다. 잠시 머물다 스쳐가는 한국인 관광객들 속에 섞여 가면서 나는 우산을 쓸 수 없었다. 추운 죽음에 드리는 작은 경의가 되길 바라며 나는 비에 깊이 젖었다.

어느 날 별안간 새들이 사라진다면

어느날 별안간 새들이 사라진다면
고성 지나, 대진항 지나
통일전망대 앞 철조망 건너서부터
휴휴암 지나, 3·8횟집 지나
사천 바닷가 아카시아 숲의
허균 시비도 지나
경포대 옛 동해호텔 커피숍도 지나
울진 원자력 발전소로
영덕 해맞이 공원으로
밤새도록 혼자 도는 풍력발전 타워 쪽으로
아니, 부산 대변항 지나
통영 충무관광호텔 매화 꽃 너머로
새들이 사라진다면, 별안간 새들이
휴지처럼 구겨져 떨어져 버린다면
이제는 불에 타 녹아버리고 없는 낙산사 동종처럼
새 소리는 그쳐버릴까
빈 바다만
모래밭을 쓸고 있을까

흰 거품만 밀어올리고 있을까
마지막 TV가 끝나고
검은 점들만 들끓는 화면 속으로
넘어진다면
어느 날 내가 쿵 하고 넘어진다면,

은하수를 건너오는 물뱀

내 유년 속엔 물뱀들이 살았다.
세상에서 제일 맑고 밝은 밤이
하늘에 질펀한 은하수를 펼치면
물뱀들이 그 내를 건너 내게로 왔다.
흐름을 가로지른 물뱀들이
머리를 치켜들고 다가와
물 묻어 서늘해진 그 비늘로
내 하반신을 스쳐가기도 했었는데
조그만 물뱀들이 내 꿈길을
찰방찰방 가르며 다가와
잠든 내 발뒤꿈치를
잘근잘근 물기도 하는 것이었는데
간지러워 간지러워 내가 몸을 움츠리면
집 뒤, 오리나무 가지에 앉아 울던 소쩍새가
날개를 푸드기며 날아오르곤 하였다.

꿈길을 날던 반디불이와
투구풍뎅이와 사슴벌레들도 모두

깊은 산으로 돌아가고
밤하늘의 그 강물이 다 흐르고 나면
그새 물뱀들도 은하수 따라 가버리고
훤하게 밝은 새벽
마을 앞 안개 낀 청미천*만
아래쪽 아래쪽으로 흘러가는 것이었다.

* 청미천: 경기도 이천 음성 여주를 지나 남한강에 합류되는 시내

굴참나무 숲에서

굴참나무 숲이 거기 있었다.
봄이 와 남풍이 불면
7만 개나 8만 개쯤의 눈 시린 이파리들이
뒤집히면서 까르르까르르 웃었었다.
숲에는 또 1만 마리쯤의 푸른 벌레들이 살았는데
한여름 햇살에 몸이 여문 놈들이
날개를 달았고, 날개를 단 녀석들은
한나절 목청껏 짝을 불렀다.
단풍철 굴참나무 숲이
오색 주단을 펼쳐들면
벌레들이 세상의 곡진한 악기들을
하나씩 찾아들고 풀 섶에 기대서는 것이었는데
이슬 묻은 소리들이 하늘과 땅을 가득 채우고
그 소리에 취한 별들까지
벌레소리 속으로 풍덩 풍덩 뛰어내리면
나는 꿈길 속 논둑길 밭둑길에서 넘어져
길을 놓쳐버리기 일쑤였다.

길을 잃고 밀려가면서
저기쯤 굴참나무 숲이 있고
그리로 가는 길이 나 있을 것이라고
지나쳐 와 버렸는데, 지나쳐 와 버렸는데
길은 산을 아주 비껴서 멀리 와 버렸고
결국은 아스팔트 포장 도로에 닿아버렸는데
이제는 지나쳐 온 그 산을
돌아봐도 보이질 않는다.

그때 그 단풍 든 산으로 가다 보면
거기 버드나무 숲이 있었고
그 아래로 시냇물이 흘렀었는데
언젠가 그 시냇가 모래밭에서
떼로 모여 있다가 뿔뿔이 흩어져가는
자라 새끼들을 본 적이 있었다.
등허리를 딱딱한 껍질로 가린 것들이
세상으로 흩어져 가서
칠흑의 어둠이 되어버렸는지

내 생애를 휘감은
검은 휘장들이 되어 버렸는지
산도 없고 시내도 없고
새끼 자라들 기별도 찾을 수 없구나
굴참나무 연초록 새싹을 내밀며
수줍게 섰던 그 산, 산굽이는
파헤쳐져 흔적도 지워지고
무지막지 밤늦은 시내버스들이 달리는
신시가지 교차로가 되었는데
굴참나무 숲을 찾아 미망 속을 헤매는 내게
아내가 사랑하느냐고 묻는다.
아마, 거기쯤 굴참나무 숲이 있었고
숲으로 가는 길은 저쪽이었을 것이었구나
그 숲으로 가는 길섶의
풀메뚜기 푸르르 날아오르던 날들의
굴참나무 숲이 있던 산은 허물어지고
이제는 아스팔트 교차로가 되어버린 거기서
소리 없는 점멸등만 껌벅이고 있다.

세렝게티

　친구여, 나를 찾지 말게, 눈 내려 빙판 이룬 인사동 길 비틀거리며 주점 '이모집'이나 '인사동사람들'을 기웃거려 봐도 나는 거기 없네. 묻지 말게, 나는 거기 없네, 양촌리 내 집이나 시인협회 사무실로 전화를 걸어 봐도 모른다고 할 걸세. 나는 거기 없네.

　우기의 사바나를 지나며, 풀을 뜯는 짐승들이 있네, 꼬리를 흔들어 날 것들을 쫓으며 지평선 쪽을 바라보기도 하지, 풀을 찾아 마사이 마라로 가고 있는 3천이나 5천 마리쯤의 얼룩말이 있다네, 이따금, 앞다리를 들어 올리며 큰소리로 울고, 서서도 새끼를 낳는 얼룩말들 속에 섞여 풀을 찾아가고 있다네, 은하수 하늘 아래 잠자며 이따금 시인이었던 문지방 앞에서 하품을 하기도 한다네. 얼룩무늬 초식동물 떼에 섞여 가고 있다네, 풀을 뜯어 먹고 산다네, 친구여 시인들 속에서 나를 찾지 말게, 나는 거기 없네.

　　세렝게티: 탄자니아 있는 세계 최대의 야생동물 보호구역.

■ 시인의 산문 ■
시에 대한 요즘의 생각

안일, 타성과의 싸움

오랜 도시 생활을 끝내고 양촌리 모가헌으로 옮겨 산 지 10년이 넘었다. 새로 집을 지으면서 옮겨 심었던 오동나무며, 뒷산의 목련도 훌쩍 자라서 이제는 그 나무의 꼭대기를 머리를 젖히고 올려다보게 자라 올랐다. 봄 여름 가을 겨울의 순환 속에 어김없이 때를 맞춰 오고 가는 새들이 있음도 알게 되었다.

그러나 이런 자연 현상들이 화해롭고 조화롭게 운행되기만 하는 것은 아니라는 것도 알게 되었다. 집 뒤 산벼랑에서 이따금 죽은 족제비나 두더쥐를 발견하기도 하였으며, 지난 봄에는 멱통을 물려 죽은 너구리를 보기도 했었다. 살고 죽는 것이 짐승들에게 한정된 것만은 아니었다. 몇 년씩 산비탈을 지키면서 향기 짙은 열매를 맺던 산초나무가 시름시름 죽어가고 몇십 년씩 자라 오르던 밤나무가 말라 죽기도 하였다. 뜨락의 단감나무는 주렁주렁 열매를 보여주더니 재작년 겨울 추위를 견디지 못하고 가지가 말라버렸다. 그리고 죽은 둥치 밑에서 새로 싹을 밀어올리기 시작하였고 이제는 새로 움튼 싹이 키 높이로 솟아올랐다. 배롱나무도 마찬가지여서 둥치가 죽고 다시 새싹을 밀어올리기를 반복하고 있다.

 우리가 평범하게 바라보는 산 짐승 한 마리, 나무 한 그루들도 생명 연장을 위한 치열한 고투의 결과물들이다. 산 짐승 한 마리, 나무 한 그루, 풀꽃 하나의 소중함에 새삼 눈이 뜨인다. 지상의 모든 개체들은 그 자체로 하나의 존재로 완성된 것들이다. 바위 틈서리에 뿌리를 내린 소나무 한 그루도 살아남기 위해 바위 틈 어딘가로 뿌리를 내려 생존을 위한 물을 찾아낸다. 영하의 산비탈, 눈 덮인 산골짝 어딘가엔 맨몸으로 혹한을 견디는 몇 마리 산양과 오소리와 산토끼들이 있다.

 이 지상 어딘가에서 시를 기다리는 시인도 그럴 것이다. 좌절하고 절망하면서 소외 속으로 자신을 밀어넣으면서 윤기 나는 몇 마디 말, 치밀한 곳에 숨겨졌던 까마득한 심연까지를 들어내 보여주는 몇 마디 말을 만나기 위해 참담한 쟁투를 벌이지 않으면 안 되는 것이리라. 시인 역시, 안일과의 싸움, 타성과의 싸움에서 살아남기 위해서 혹독한 자기 시련을 피하려 해서는 안 된다고 믿는다.

   나는 금년(2012) 2월, 육신의 나이가 만 70세가 되었다. 나이가 무슨 상관이랴 싶지만 그렇지만은 않은 게 현실이다. 나는 생애 동안 일관해서 추구해온 나의 시업에 관해서 허심탄회하게 돌이켜볼 수 있는 자리에 선 것이라고 생각한다. 나에게 시는 무엇이었으며, 나는 시를 통해서 무엇을 이루려 하였던가에 대해서 숙고해 볼 수 있는 기회를 갖게 되었다.

   나는 내 문학 소년기의 독서 목록들을 떠올려 보았다. 고등학교 재학 중 국어 교사였던 시인 김상억 선생과의 만남은 내 생애의 향방을 결정짓는 중요한 계기가 되었다고 생각한다. 나는 이분에게서 시인 이건청으로 살아가는 데 꼭 필요한 지침이 될 독서 목록을 전해 받았던 것이었다. 그때 나는 R. M. 릴케의 시와 『말테의 수기』, 『로댕』, 『문학을 지망하는 청년에게』 등과 쿠라다하쿠조(倉田百三)의 『사랑과 인식의 출발』, 스티븐 스펜더, 딜런 토머스, T.S. 엘리엇, 그리고 카프카, 윌리엄 포크너와 살바돌 달리, 막스 에른스트, 끼리코, 이브탕기 등 초현실주의 화가들을 만나게 되었다. 이들은 나의 문학 청소년기의 우상들이었다. 이들은 작품을 통해서, 삶의 태도를 가르치는 말씀을 통해서 나를 감동으로 이끌어 주었다. 나는 이들을 통해서 '길'을 찾았고, 시인이 지녀야 할 예술관을 배웠다. 특히, R.M.릴케가 쓴 로댕의 작품론인 『로댕』, 쿠라다 하쿠조(倉田百三)의 『사랑과 인식의 출발』은 몇 날 몇 밤을 새우면서 되짚어 읽곤 하였다.

F. 카프카는 내 문학이 어디에 있어야 하며 어디를 가면 만날 수 있을 것인가를 일러 준 스승이라 할 수 있을 것이다. 소외와 절망을 딛고 닿을 수 없는 지향을 향해 쉼 없이 응전해가는 시지포스적 운명의 인간에게서 '참 나'를 찾으려는 모습을 발견했었고, 나 역시 내 시 속에서 그런 길을 찾으려는 노력을 계속해 왔었다.

살바돌 달리, 막스 에른스트, 끼리코, 이브탕기 등 초현실주의 화가들에게서도 나는 참 많은 빚을 지고 있는 것이라고 생각한다. 이들에게서 상상력의 위대성에 닿아갈 수 있는 지름길을 익혔다고 생각하는 것이다.

R.M. 릴케는 "쓰지 않으면 죽을 수밖에 없을 때 써라"(『문학을 지망하는 청년에게』), "명성이란 이름을 싸고도는 온갖 오해의 총체다. 명성은 작품을 싸고돈다. 이름에 관한 것이 아니다"(『로댕』)라고 강조해서 말하고 있으며, 쿠라다하쿠조는 "청춘을 보석처럼 간직하고 아끼도록 하여라. 비천함과 더러움에 물들지

말며 맑고 깨끗한 꿈을 지녀라"(『사랑과 인식의 출발』)-이렇게 강조해서 말하고 있었다. 문학 청소년기에 접했던 독서 목록들은 하나같이 시인이 지녀야 할 엄격한 금도를 강조한 책들이었고, 세속에 빠져 일상적 명성이나 명예를 탐해서는 안 된다는 것들이었다. 지금 와서 생각하면 그때 접한 글들이 내 생애의 문학론으로 정립되어 왔으며, 나는 까마득히 높기만 한 엄격한 정신의 높이에 닿기 위해 허위허위 달려온 게 아닌가 생각해 보기도 하는 것이다. 특히, 청소년기에 읽은 이런 독서 목록들은 자유롭고 분방한 상상을 제어하고 견제하고 있는 것들이어서 '자유롭고 분방한 것들'을 지향해야 할 시와 길항하는 것들이었고, 박목월 선생은 '그래서 네 시가 활달하지 못하다'고 지적하시곤 했었다.

박목월 선생에게서 나는 10여 년 문청 수업을 받은 셈인데, 정신적인 바탕을 이룬 '정신의 염결성'과 '자유분방한 상상력'을 화해롭게 조합해내는 과정이 그만큼 험난한 것이었다고 생각하지만, 그러나 또한 나는 그런 과정을 10여 년 동안 힘들게 거쳐 왔음을 오히려 다행으로 생각한다.

박목월 선생은 내가 등단 절차를 마치고 댁으로 찾아뵈었을 때, 두 가지 말씀을 주시었다. 그 하나는 "앞으로 네가 타작은 쓰지 않을 것이다" 하는 말씀과 "앞으로 네가 시인으로 살아가다 보면 '이만하면 되었지' 싶을 때가 있을 것이다. 그때 너는 네 시가 매너리즘에 빠지고 있다는 사실을 알아라"하는 말씀이셨다. 앞의 말씀은 자신의 문하에서 10여 년 고생하고 시단에 나서는 제자에게 주신 격려의 말씀이고, 뒤의 말씀은 앞으로 시인으로 살아갈 제자에게 주신 경구의 말씀이었을 것이다.

지금 와서 시인으로 살아온 40여 년이 넘는 세월 동안 오늘의 나를 지탱해준 정신적인 자원들이 청소년기의 독서목록에서 배태되고 싹이 튼 것이며, 그것들이 든든한 중심이 되어 준 것이라는 생각을 하고 있는 것이다.

진짜 사물들과의 만남

40여 년에 걸치는 교직 생활에서 물러난 다음 앞서거니 뒤서거니 같은 직장에서 물러난 몇 사람이 자리를 함께 한 적이 있었다. 서로가 서로에게 묻는 인사말이 "요즘 어떻게 지내시지요"하는 물음이었다. 그런데 나는 그 물음에 무어라고 답을 해야 할 것인지 적당한

답을 찾기기 어려웠다. 그때, 나는 "세상 사물들과 직접 만나는 삶을 연습하고 있다"고 대답을 했었다. 나의 이런 대답이 조금쯤은 비일상적인 것이고, 그냥 의례적인 인사말로 던진 물음에 좀 동떨어진 답변이 된 것도 같았지만 그러나 그런 대답을 하고 나니 '그렇다. 나는 사물들과 직접 만나려는 삶을 살고 있고, 앞으로도 그런 삶을 살아갈 것이다' 하는 확신을 가지게도 되었다.

'사물과 직접 만나는 삶을 살 수 있도록 노력하자', 나는 이런 생각을 지니면서 살려고 노력을 해오고 있다. 관념이나 논리, 상식에 묶여 살아온 생애를 '사물과 직접' 만나는 삶으로 안착시켜 보려 하는 것이다. 의미의 세계를 벗어나 감각의 세계에 닿으려는 나의 노력은 결국, '원시'의 즉물적 세계로 돌아가 최초의 자연 속에 살면서 천진난만하던 '나'를 다시 정좌시켜 보려는 노력에 다름이 아닐 것이다. 의미의 세계를 버겁게 따라 살다 보니 의식 자체가 남루에 덮이고, '참 나'여야 할 상상력과 감수성은 기력이 낡아버려 탄력을 잃어가고 있는 것이라고 나는 생각한다. 이제, 나의 나머지 생애를 상상력과 감수성에 의탁함으로써 잃어버린 '나'를 되찾아 보려는 것이다.

그러니까 나의 이 '참 나'를 만나려는 깨달음은 생애 동안 나를 입히고 먹이고 살렸으며, 온갖 사회적 책무를 따르면서 알게 모르게 나를 지배해온 일상들과 타성들을 벗어나야 만날 수 있을 것인데, 결국은 '유년 이건청'에게서 다시 '감각'을 배워오고 처음에 보고 듣고 느끼던 경이로움과 탄성의 세계를 찾아와야 가능해질 성질의 것일 게다. 아마도 나의 상상력과 감수성은 그런 것들을 흙으로 했을 때, 튼실한 뿌리를 내릴 것이고 윤기 나는 연초록 새싹들을 틔울 것이다. 4월의 찔레나무 새순처럼 달콤하고 배릿한 상상력과 감수성을 되찾아오게 될 것이라고 나는 생각한다.

 사물을 향한 간절한 그리움이 시적 긴장(tension)을 이루는 것이라고 나는 믿는다. 근원에 닿으려는 간절한 바람을 지니고 있는 동안 사람의 심성은 늘 열려져 있게 마련이다. 감성의 촉수가 예민하게 상기되어 있게 마련이며 상상력의 파장도 활발해진다. 사람 사는 원래 모습이 그런 것이었을 것이다. 그리운 사물들은 먼 곳에 있어서 아련한데, 세사에 바쁜 사람들은 지나치며 살 뿐, 그리움의 근원이 되는 세상의 사물들이 어디선가 호명되기를 기다리고 있다는 사실을 알지 못한다.
 그리움의 삶은 실체적인 삶을 살아가는 사람만이 누

릴 수 있는 특권이다. 실제 눈으로 '보고', 실제 귀로 '듣고', 피부로 '닿는' 삶을 살아가는 사람만이 진짜 그리움을 소유할 수 있다. 관념이나 타성에 기대 사는 사람은 진짜 '그리움'을 소유할 수 없다. '그리움'은 관념이 아니기 때문이다. '그리움'은 손으로 만질 수도 있고, 혀로 맛볼 수도 있다. 이른 봄, 양지바른 언덕 어딘가에 아른거리는 아지랑이를 바라보면서, 나풀나풀 날아온 첫 나비를 보면서 우리는 '그리움'의 실체를 만난다. 그리운 것들은 멀리 있다. 멀리 있는 것들을 놓아버리지 않으려는 지속적인 관심과 애정, 그리고 '밝은 눈'으로 보고 '맑은 귀'로 사물과 현실의 실체를 보려는 쉼 없는 탐색은 언제나 '사물'에 이어져 있다. '사물'에 닿아 있는 동안 우리의 삶은 연하고 보드라우며 따뜻한 봄날의 양지쪽이다.

상식과 타성에 묻혀 사는 사람들이 일상의 먼지를 털어내고 환한 '나 자신'을 찾는 일은 어렵고도 힘든 일이다. 지금, 세상을 바라보는 '눈'이 타성에 젖어 흐릿해진 사람, 생명의 파장을 듣는 '귀'마저 무뎌진 사람 하나가 여기에 서 있다. 일망무제 사물들 앞에서 사람은 키를 버린다. 몸무게를 버린다. 이름까지 버리면서 무너지고 무너진다. 상식과 타성에 길들여진 모두를 버리고 오직 감각의 눈짓만으로 사물들을 응시하면 그것들이 다가와서 '무너진 사람'을 다시 일으켜 세워줄 것이다. 다가와서 맑고 깨끗한 사람, 명징한 사람으로 다시 일으켜 세워줄 것이다. 시에 필수요건인 시적 긴장은 그렇게 시인에게 오는 것이라고 나는 생각한다.

간명한 것, 단순한 것

회사후소繪事後素라는 말이 있다. 그림 그리기에 앞서 사람의 바탕이 이루어져 있어야 한다는 말이다. 이 말은 비단 그림에 있어서만이 아니라 예술 하는 사람 누구나가 새겨 두어야 할 경구이다. 시를 쓰는 사람에게 '마음의 바탕'이란 무엇일까?

추사 김정희는 그의 벗 권돈인에게 보낸 글에서 "내 생전 10개의 벼루를 구멍냈고, 붓 1,000자루를 몽당 붓으로 만들었다"고 술회한 바 있었다. 먹을 갈아 벼루 10개를 구멍내고, 질 좋은 서수필鼠鬚筆 1,000자루를 몽당 붓으로 만들었다면 예술의 궁극에 이르기 위한 그의 연찬이 어떠했는지를 미루어 짐작할 수 있다. 나는 완당에게 있어서 9년여에 걸치는 제주 대정에서의 유

형의 고통과 혼신을 다한 절차탁마의 노고가 있었기에 '추사체'의 위업이 한층 난만하게 이루어질 수 있었던 것이라고 생각한다.

물론, 벼루 열 개를 바닥낸 완당의 노고에는 어림도 없는 것이겠지만, 어설픈 습작시들을 써 들고 가슴 두근거리며 스승 집 대문을 드나들던 10여 년에 걸치는 문청시절이 내게는 퍽 소중한 것이었다는 생각을 하곤 한다. 그때 나는 원고지를 머리맡에 놓고서야 잠이 들었고, 꿈속에서도 시를 썼었다. 시만을 생각하며 초롱초롱 불면의 밤을 지새우곤 했었다. 먹을 수도 없었고 잠을 잘 수도 없었다. 새삼스럽게 시만을 위해 순교해도 좋다는 다짐 속에 시를 기다리던 그때가 그립다.

시인이 넘쳐나는 시대가 되었다. 300여 개의 문학잡지가 간행되고 있다고 하고, 잡지마다 등단문인이라는 것을 배출해 내고 있다고 한다. '시인'이라는 호칭이 욕스럽게 들리는 경우도 있다. 진짜 시를 향해 하이얗게 밤을 새우고 있을 문청들이 이런 뜨내기 자칭 시인들과 뒤섞여 있다. 나는, 시인협회 회장의 책무를 맡고 있는 동안, '신입회원' 입회 문제로 참 많은 어려움을 겪었다. 그냥, 시 애호가로 남아 있어야 할 사람들이

더 극성스럽게 너도 나도 시인협회 입회원서를 내고 있었던 것이다. 나는 한국시인협회 회원 자격만이라도 선별되어야 한다고 생각했고 엄격한 척도를 준용할 수밖에 없었다. '시인'은 프로페셔널이고, '시인' 자신들이 긍지로 지켜가야 하는 것이라고 믿는다.

요즘 한국에서 발표되는 시들 중엔 작품의 길이가 긴 것들이 대부분이다. 동원되는 말들이 많고 수사가 현란하다. 난삽하다. 어떤 시인은 '시를 쓰지 않기 위해 시를 쓴다'고도 한다. 본래적인 시적 가치를 파괴하는 일이 스스로의 소명이라고 한다. 시를 욕스럽게 파괴한 자리에 남을 것은 욕스러운 말의 형해일 뿐이다. 시가 아니라 시 이론에 맹종해서 당면한 자가당착일 것이다. 진정의 말은 간명하며, 생략과 함축, 비유의 말이 시어의 근본이라는 사실은 시 이론의 첫 장에 나오는 얘기이다. 시가 이렇게 잡다한 수사와 요설로 길어진 현상은 그들의 문학수업이 철저하지 못한 때문이라고 나는 생각한다. 시인이 시 창작 과정에서 간명한 구조를 발견하는 일은 참으로 어려운 일이다. 존재해야 할 유일의 구조에 닿기 위해 노력하는 일이야말로 시인이 평생의 '일'로 감당해야 할 과업이다. 시의 형상화란 '존재해야 할 유일의 구조'를 찾아내는 일일 것이다.

 나는 이제, 이 시집을 세상에 드러내 보이면서 앞에서 제시한 다짐들에 대해 숙고하고 있다. 이제 나는 시인으로 첫 출발할 때의 다짐들 속으로 다시 가서 귀를 기울일 것이다. 순정한 정신과 열정으로 돌아가기 위해 노력할 것이다. 사물 속으로 가서 간명하고 단순한 것들과 친교를 넓힐 것이다. 그리고, 40여 년 시업을 깊이 있게 성찰하면서 나의 시가 '늙은 시', '나태한 시'에 기대서는 안 된다는 새삼스런 다짐도 해 보는 것이다.

이건청

1942년 경기도 이천 출생, 한양대학교 국문학과와 동 대학원에서 문학석사, 단국대학교 대학원에서 문학박사 학위를 받았다. 1967년 〈한국일보〉 신춘문예로 등단.

시집에 『이건청 시집』 『목마른 자는 잠들고』 『망초꽃 하나』 『하이에나』 『코뿔소를 찾아서』 『석탄형성에 관한 관찰 기록』 『푸른 말들에 관한 기억』 『소금창고에서 날아가는 노고지리』 『반구대 암각화 앞에서』 등과 기획시집 『청동시대를 위하여』 시선집 『해지는 날의 짐승에게』 『움직이는 산』과 『이건청 문학 선집』(전4권)이 있다.

연구저서로 『문학개론』 『윤동주-나의 별에도 봄이 오면』 『초월의 양식』 『신념의 길과 수난의 인간상-윤동주』 『한국현대시인 탐구』 등이 있다.

현대문학상, 한국시협상, 목월문학상, 현대불교문학상 등을 수상하였으며, 한양대학교 명예교수, 한국시인협회 회장 역임.

서정시학 시인선 63
굴참나무 숲에서

2012년 2월 28일 초판 1쇄

지은이 | 이건청
펴낸이 | 김구슬
펴낸곳 | 서정시학
편 집 | 최진자 · 인차래
인 쇄 | 서정인쇄
주 소 | 서울시 성북구 동선동 1가 48 백옥빌딩 6층
전 화 | 02-928-7016
팩 스 | 02-922-7017
이메일 | poemq@dreamwiz.com
출판등록 | 209-07-99337
계좌번호 | 070101-04-038256(국민은행)

ISBN 978-89-94824-53-6   03810

값 9,000원

*이 책의 판권은 지은이와 도서출판 서정시학에 있습니다.
 양측의 서면 동의 없이 무단 전재 및 복제를 금합니다.